## Liebe Kinder!

Wie ist es bei euch, wenn ihr vor dem Fernseher sitzt und einen spannenden Film oder einen sportlichen Wettkampf seht, lasst ihr euch da so leicht ablenken? Doch wohl kaum.

Wie ist es aber, wenn die Mutti euch bittet, ihr im Haushalt zu helfen oder eure Hausaufgaben selbstständig anzufertigen, oder wenn die Lehrerin (der Lehrer) in der Schule von euch die Erledigung einer Übung (Aufgabe) verlangt? Seid ihr da auch so aufmerksam und erledigt alle Aufgaben schnell und zuverlässig? Oder braucht ihr da schon mal Ermahnungen wie: »Träume nicht!«, »Nimm deine Gedanken zusammen!«, »Konzentriere dich auf deine Aufgabe!«?

Wisst ihr, was aufpassen und konzentrieren bedeutet?

Es bedeutet, dass man all seine Gedanken und Bemühungen auf ein bestimmtes Thema lenkt oder auf eine bestimmte Aufgabe, die man besonders gut erledigen will (soll). Dieses Aufpassen ist besonders in der Schule wichtig, um zu lernen.

Aber auch beim Spielen mit Freunden, bei Freizeitaktivitäten ist es wichtig, dass man sich auf die anderen einstellt, Regeln beachtet und durchhält, bis das Begonnene zu Ende geführt ist.

Es gibt Kinder, die mit dem Aufpassen (Konzentrieren) so ihre Probleme haben. Aber Aufpassen und Konzentrieren kann man erlernen und trainieren (üben). Ihr könnt es auch.

So wie ein Sportler regelmäßig trainieren muss, um in guter Form zu sein, so sollt auch ihr mit Hilfe dieses Trainings-Programms lernen, eure Fähigkeiten zur Lösung von Aufgaben gut zu nutzen. Eure Trainerin oder euer Trainer wird euch dabei helfen. So werdet ihr Fehler vermeiden und damit mehr Freude haben.

Ich wünsche euch viel Spaß und Erfolg mit diesem Konzentrationstrainings-Programm.

*Christine Ettrich*

# 1. Tag

Aufgabe A: Ordnungsübungen

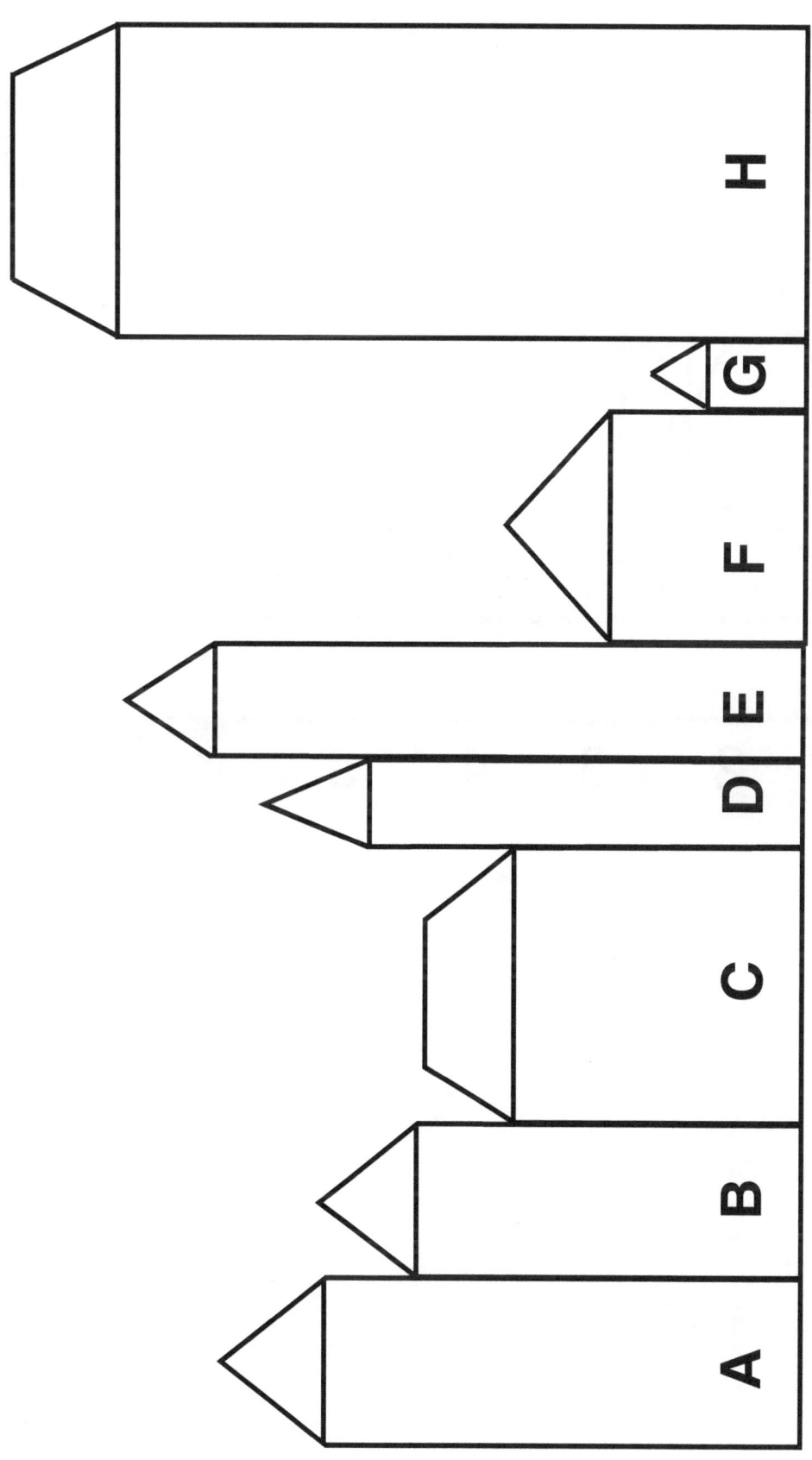

Aufgabe C: Zuordnen

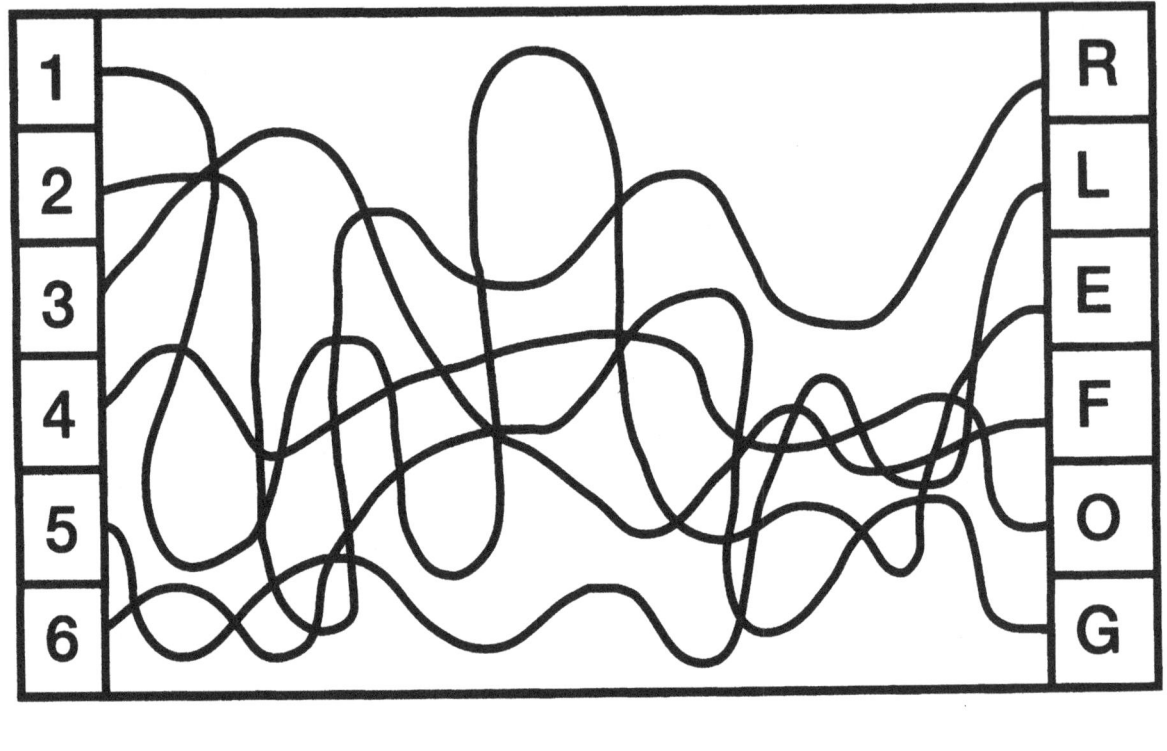

— — — — — —
1  2  3  4  5  6

## 2. Tag

Aufgabe C: Versteckte Tiere

# 3. Tag

Aufgabe B: Tiere und Dinge suchen

# 4. Tag

Aufgabe A: Ausmalen

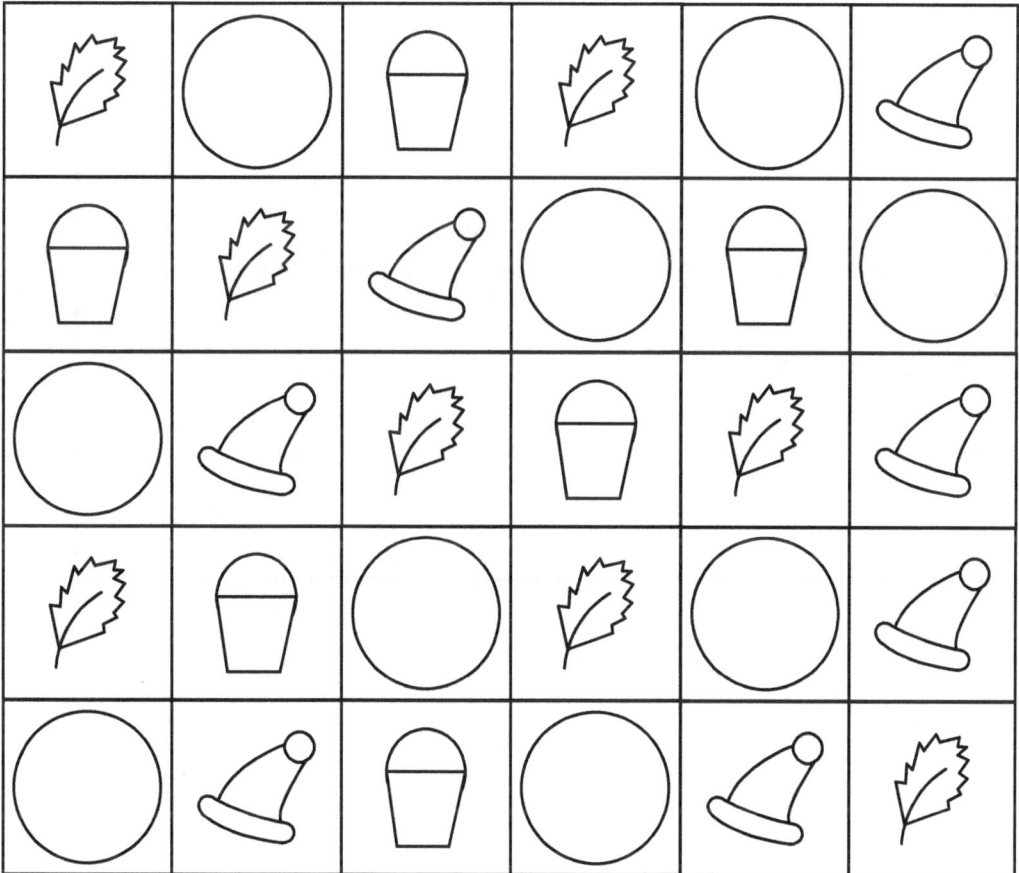

Aufgabe C: Haus vervollständigen

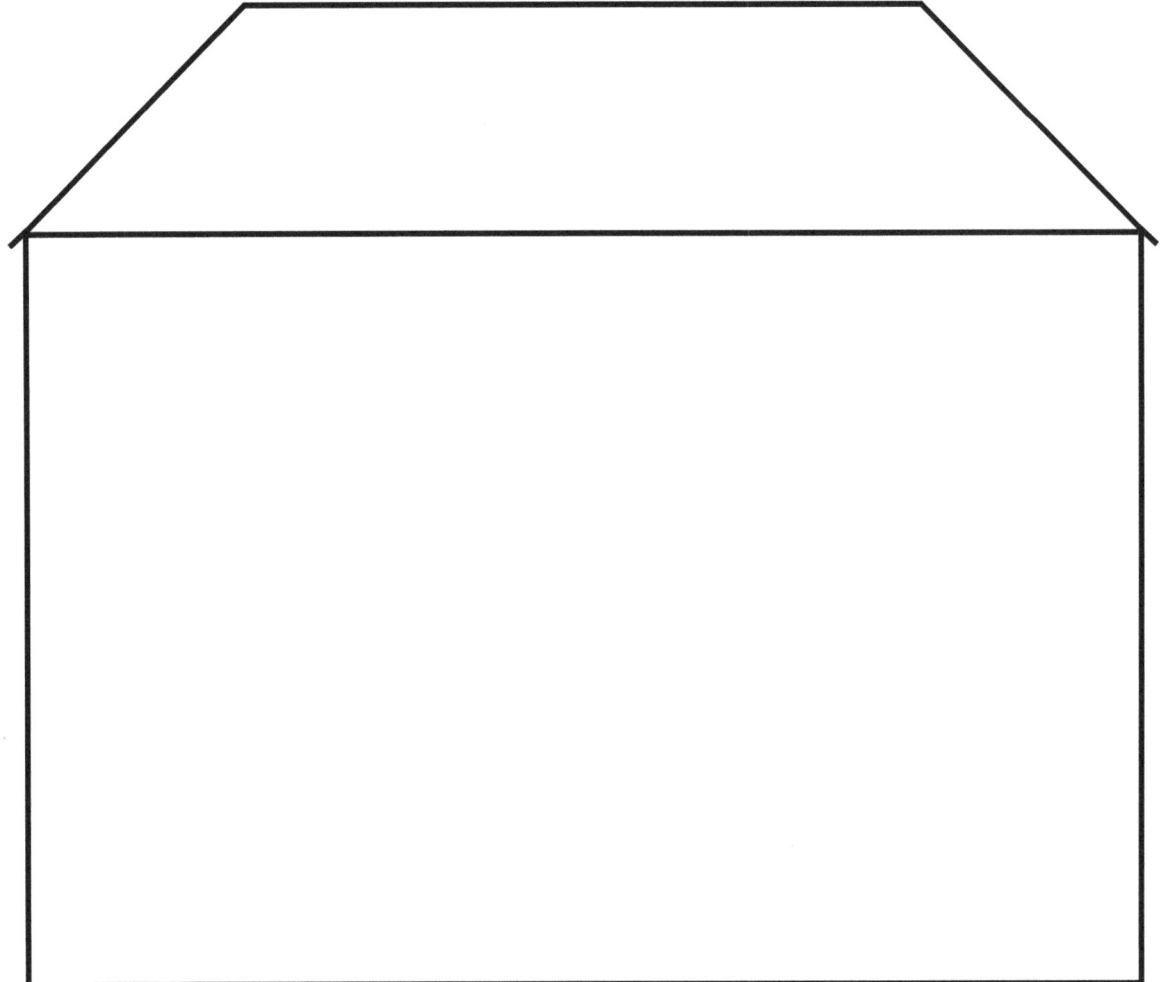

# 5. Tag

Aufgabe A: Bildung neuer Wörter durch Weglassen bzw. Hinzufügen einzelner Buchstaben

Weglassen eines Buchstabens:

| RAST – R | SCHALE – E | STAND – T |
|---|---|---|
| SCHRANKE – E | TEILE – T | REISEN – R |
| PLANE – E | WEICHE – W | TEILEN – T |
| KLASSE – L | HUND – H | PLINSEN – P |

Trage die neuen Wörter in Druckbuchstaben ein:

|  |  |  |
|---|---|---|
|  |  |  |
|  |  |  |
|  |  |  |

Hinzufügen eines Buchstabens:

| BAU – M | REIS – E | EILEN – F |
|---|---|---|
| LEID – K | KUR – T | LEDER – I |
| ELKE – N | TEE – R | ARTEN – K |
| BETT – R | BAND – R |  |

Trage die neuen Wörter in Druckbuchstaben ein:

|  |  |  |
|---|---|---|
|  |  |  |
|  |  |  |
|  |  |  |

Aufgabe C: Fehler auf Bildern suchen

# 6. Tag

Aufgabe A: Quadrate mit Punkten unterschiedlicher Anzahl und Farbe gestalten

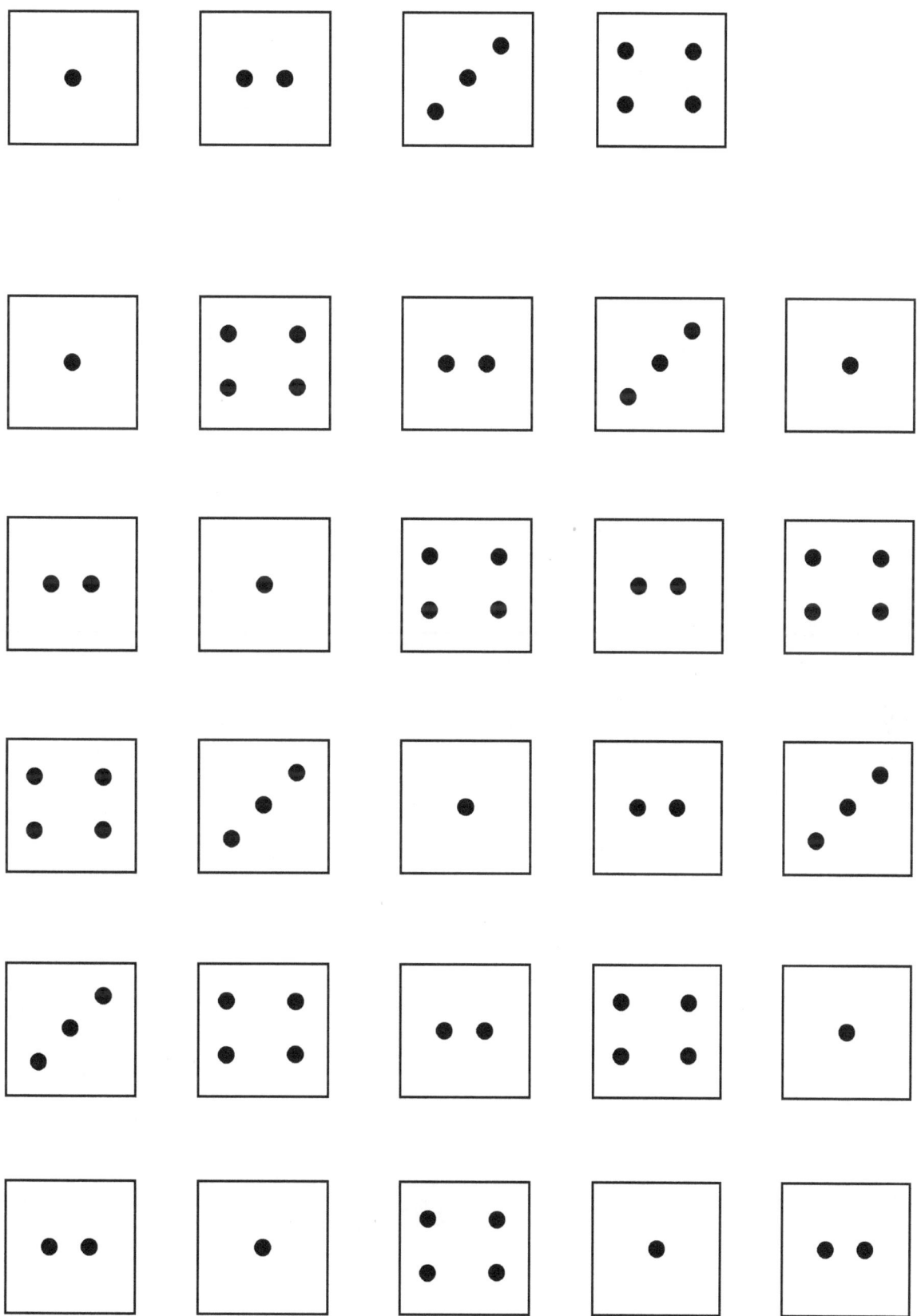

Aufgabe C: Figuren nachzeichnen

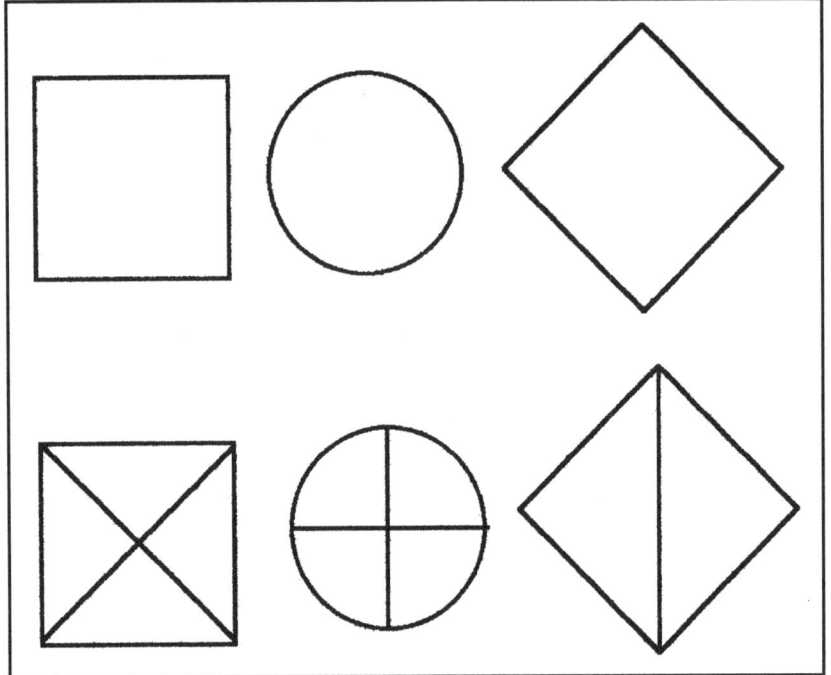

Zeichne hier!

6. Tag

Hier darfst du malen, was du möchtest.

# 7. Tag

Aufgabe B: Bildvergleiche

## 8. Tag

Aufgabe A: Ordinal- und Kardinalzahlen

An wievielter Stelle fährt die Lokomotive eines jeden Zuges?

Wie viele Personenwagen, wie viele Güterwagen und wie viele Loren hat jeder Zug?

Fahrtrichtung →

1
2
3
4
5
6
7
8
9
10
11
12
13
14
15
16

# Aufgabe B: Figuren merken

| | ○ | □ | △ |
|---|---|---|---|
| Probedurchgang | | | |
| 1. Durchgang | | | |
| 2. Durchgang | | | |
| 3. Durchgang | | | |

## 9. Tag

Aufgabe B: Abzählen von Buchstaben verschiedener Wörter

1. Ei – .....
2. und – .....
3. Brot – .....
4. Hund – .....
5. bei – .....
6. Bund – .....
7. am – .....
8. rund – .....
9. Wolle – .....
10. Not – .....
11. breit – .....
12. Wunde – .....
13. Gummi – .....
14. Bleistift – .....
15. Kohlsalat – .....
16. Stempelkasten – .....
17. Schnellhefter – .....
18. Waschmaschine – .....
19. Mähdrescher – .....
20. Weltmeister – .....
21. Schaufensterscheibe – .....
22. Straßenbahnhaltestelle – .....

# 10. Tag

Aufgabe A: Erkennen von Fehlern in Figurenfolgen

Eins passt nicht in die Reihe

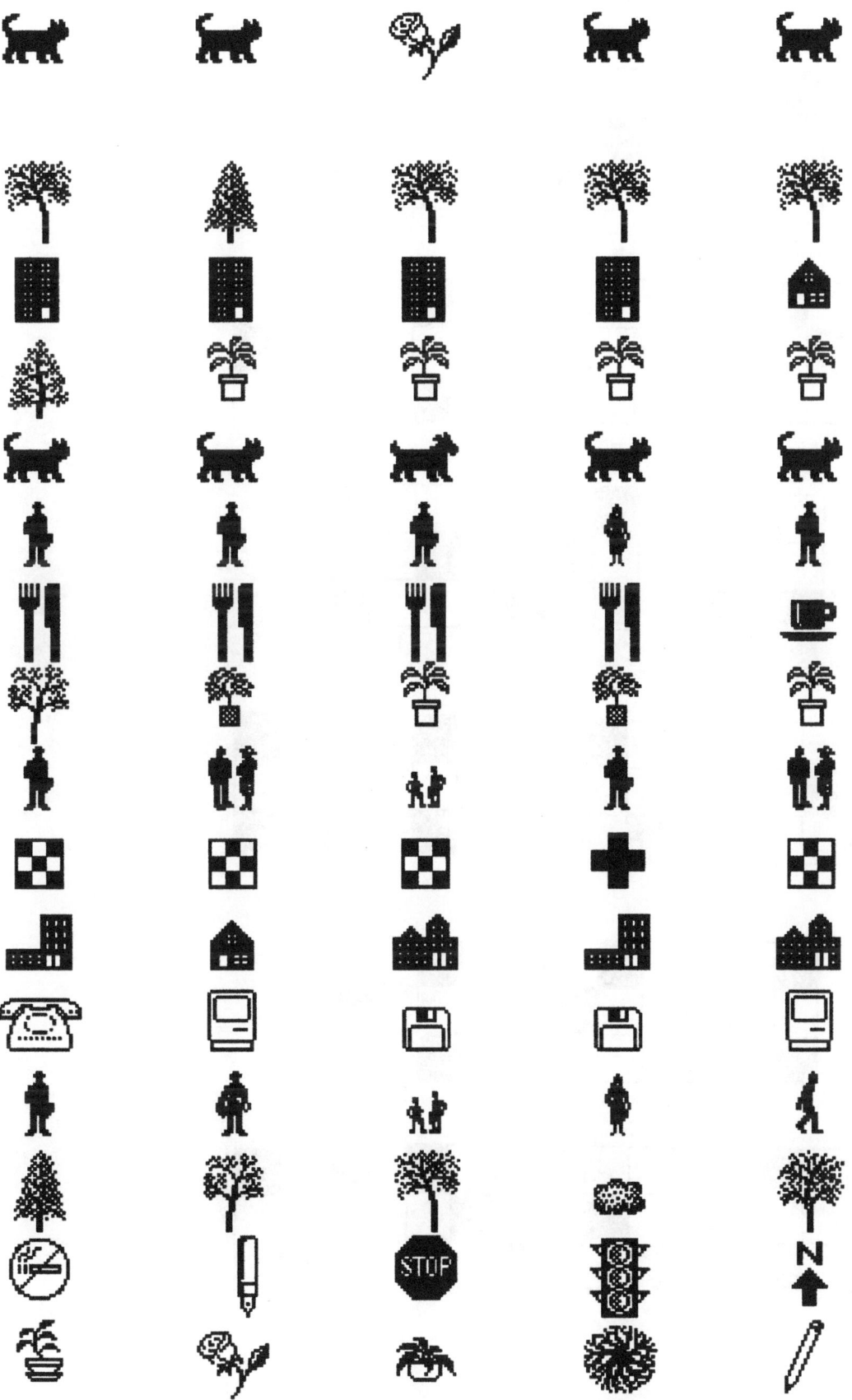

## Aufgabe B: Quadrate zuordnen

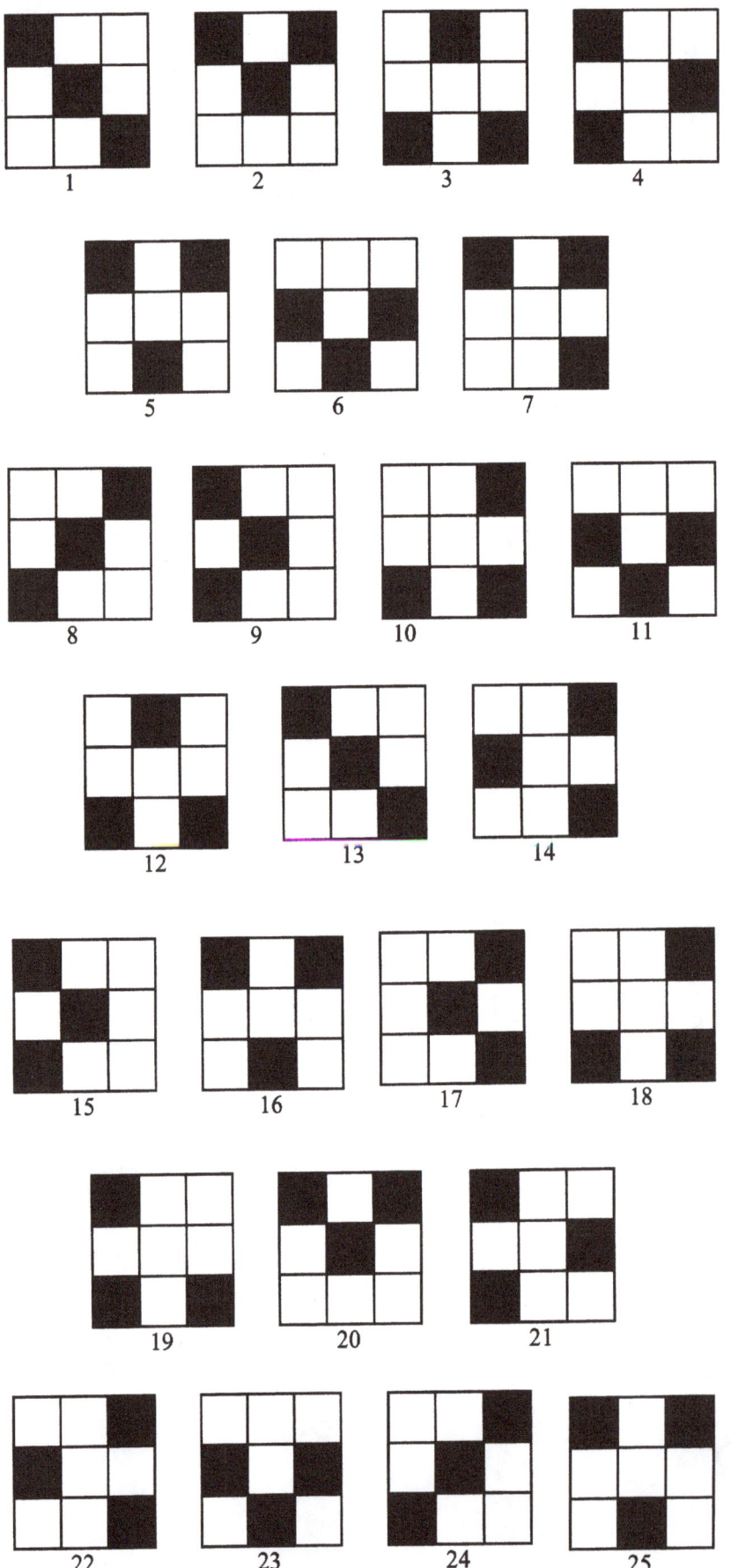

# 11. Tag

Aufgabe A: Figurenvergleich

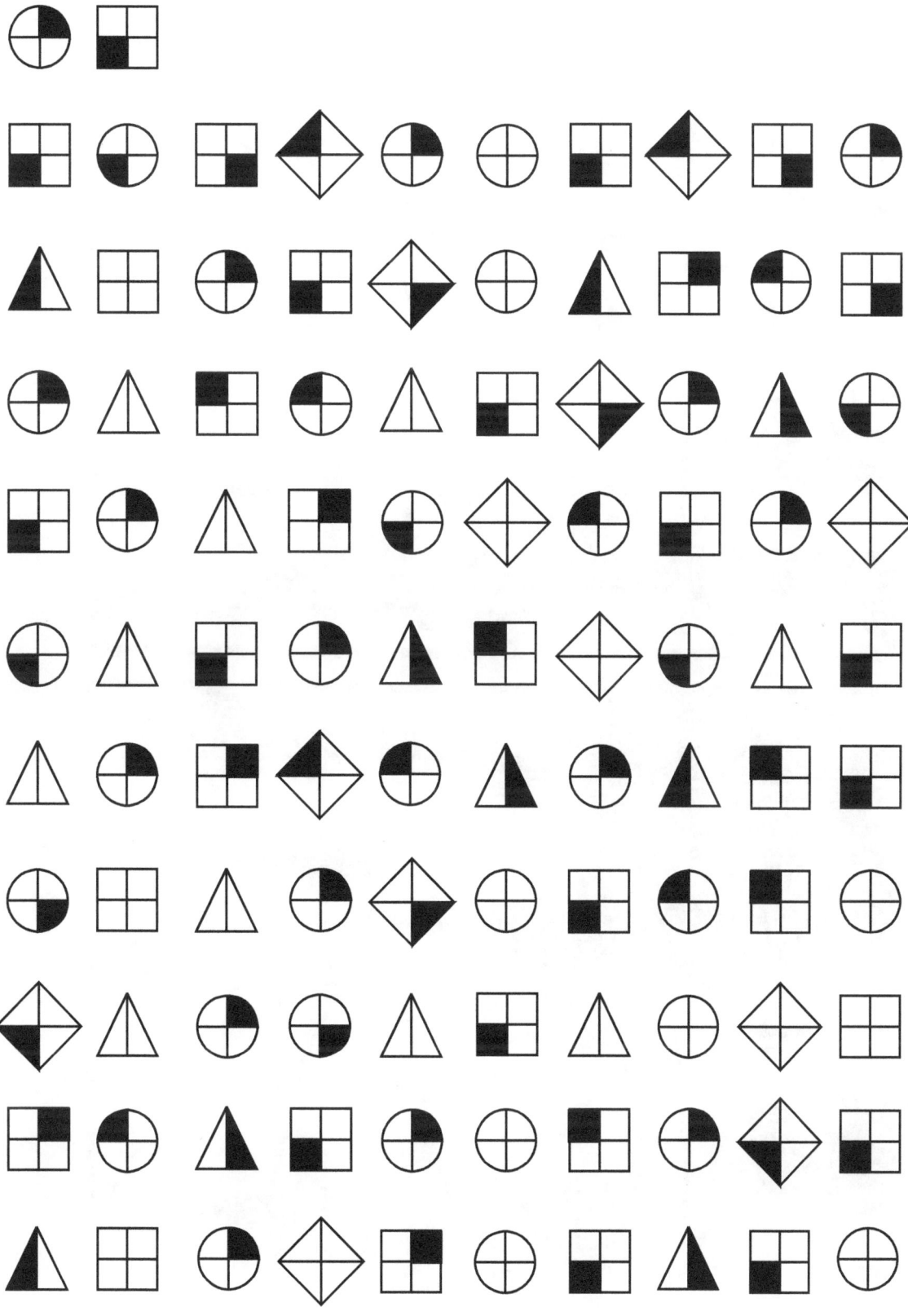

## 12. Tag

Aufgabe A: Unterschiede finden

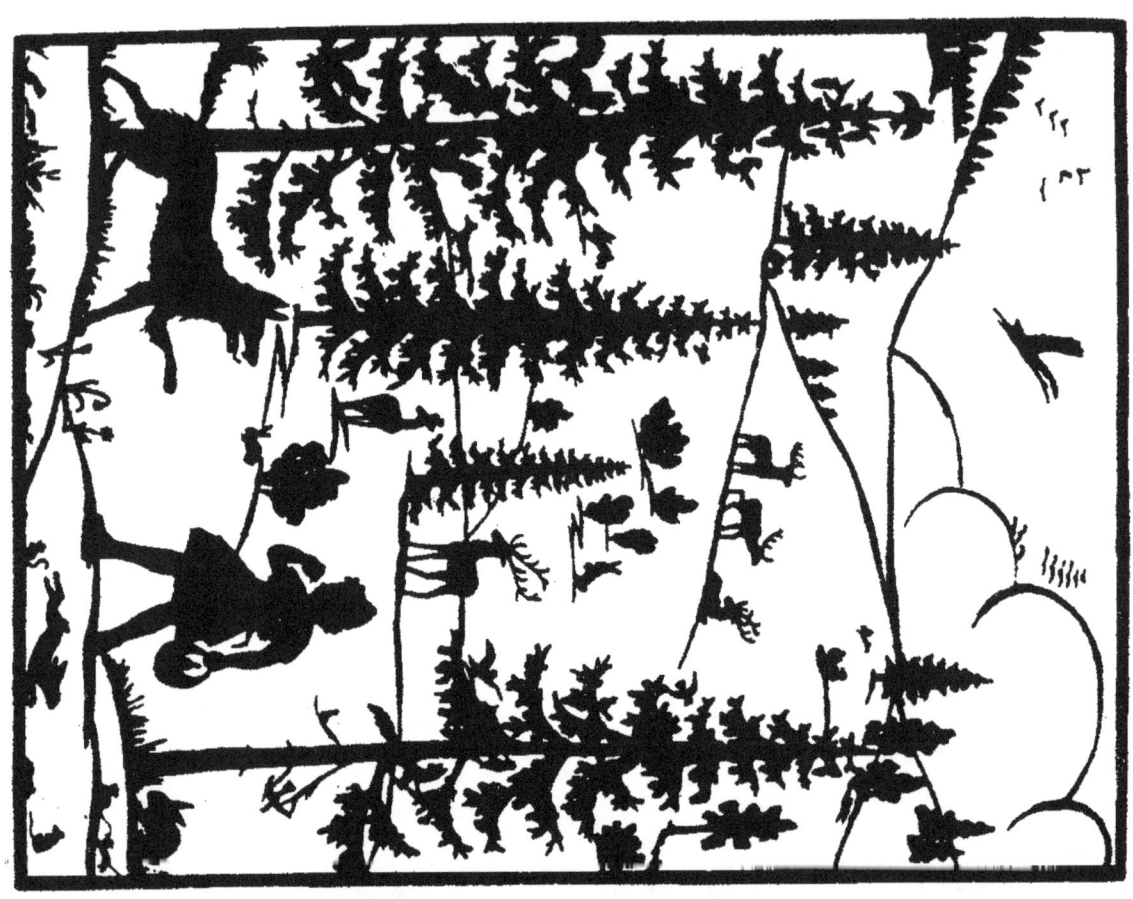

# 13. Tag

Aufgabe B: Formen differenzieren

 streiche rot durch

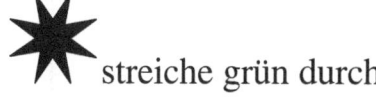 streiche grün durch

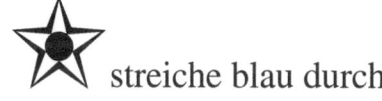 streiche blau durch

An alle anderen Zeichen mache einen Punkt •

## Aufgabe C: Fehlersuche

Vergleich von Zahlen und Symbolen

| 1 ✓ | 2 ⊛ | 3 🌿 | 4 ↑N | 5 🏠 | 6 → | 7 ↰ | 8 ▦ | 9 🌳 |
|---|---|---|---|---|---|---|---|---|
| 2 ⊛ | 9 🌳 | 7 ↰ | 3 ⊛ | 1 ✓ | 5 🏠 | 6 → | 4 ↑N | 8 ▦ |
| 5 ⊛ | 9 🌳 | 6 ↰ | 1 ⊛ | 4 ✓ | 8 🏠 | 3 → | 2 ↑N | 7 ▦ |
| 4 ↑N | 1 ✓ | 8 ▦ | 5 🏠 | 2 ⊛ | 7 🌿 | 9 ⊛ | 3 🌿 | 6 → |
| 6 ↑N | 3 🌿 | 4 🏠 | 7 ↰ | 9 🌳 | 1 ✓ | 5 🏠 | 8 🌳 | 2 ✓ |
| 8 🌳 | 3 ↑N | 6 🏠 | 7 ↑N | 5 → | 2 ⊛ | 4 ↑N | 9 🌳 | 1 ✓ |

Vergleich von Buchstaben und Zahlen:

| A 1 | B 2 | C 3 | D 4 | E 5 | F 6 | G 7 | H 8 | I 9 |
|---|---|---|---|---|---|---|---|---|
| E 5 | A 1 | F 6 | G 9 | C 5 | B 2 | H 5 | I 9 | D 6 |
| B 2 | H 8 | I 7 | A 9 | D 4 | E 5 | C 3 | F 6 | G 9 |
| F 6 | D 4 | E 1 | B 4 | G 7 | A 1 | I 7 | H 5 | C 4 |
| H 8 | C 8 | B 5 | I 1 | F 6 | G 7 | A 8 | D 2 | E 6 |
| C 3 | E 8 | G 9 | D 5 | A 1 | H 8 | B 2 | I 7 | F 4 |
| G 8 | C 9 | D 4 | F 4 | E 5 | A 5 | I 3 | H 8 | B 5 |
| H 7 | B 8 | F 4 | I 9 | C 3 | A 1 | E 2 | D 7 | G 7 |

# 14. Tag

Aufgabe A: Rechnen mit Symbolen (1. Klasse)

■ = 4    ▲ = 3    ▼ = 2    ● = 1

1. ■ + ● =                6. ▲ - ▼ =

2. ▲ + ▼ =                7. ● + ▼ =

3. ● - ● =                8. ■ - ▲ =

4. ■ - ▼ =                9. ■ - ● =

5. ▼ + ■ =               10. ▲ - ● =

---

11. ■ + ● + ▼ =          16. ● + ■ + ● =

12. ▲ + ▲ + ● =          17. ■ + ▼ + ● =

13. ■ - ▲ - ● =          18. ▲ - ▼ - ● =

14. ▲ + ▼ - ■ =          19. ■ - ▼ - ▼ =

15. ■ + ● - ▼ =          20. ● + ▼ + ▲ + ■ =

# 14. Tag

Aufgabe A: Rechnen mit Symbolen (2. Klasse)

■ = 4   ▲ = 3   ▼ = 2   ● = 1

1. ■ + ▲ =
2. ▲ + ▼ =
3. ■ + ● =
4. ▼ − ● =
5. ▲ − ▼ =

6. ■ − ▼ − ● =
7. ▲ − ▼ + ■ =
8. ● + ▲ − ■ =
9. ▼ − ● − ● =
10. ▼ + ▲ − ■ =

11. ● + ▼ − ▲ =
12. ■ − ▲ + ● =
13. ▲ + ■ − ▼ =
14. ● − ▼ − ● =
15. ■ − ▲ − ● =

16. ■ + ▲ + ▼ + ● =
17. ▲ + ▼ − ■ − ● =
18. ▲ − ▼ − ● + ■ =
19. ● + ■ − ▲ − ▼ =
20. ■ − ▲ + ● − ▼ =

## Aufgabe B: Vergleich von zwei Bildern

## 15. Tag

Aufgabe A: Legen nach Vorlage

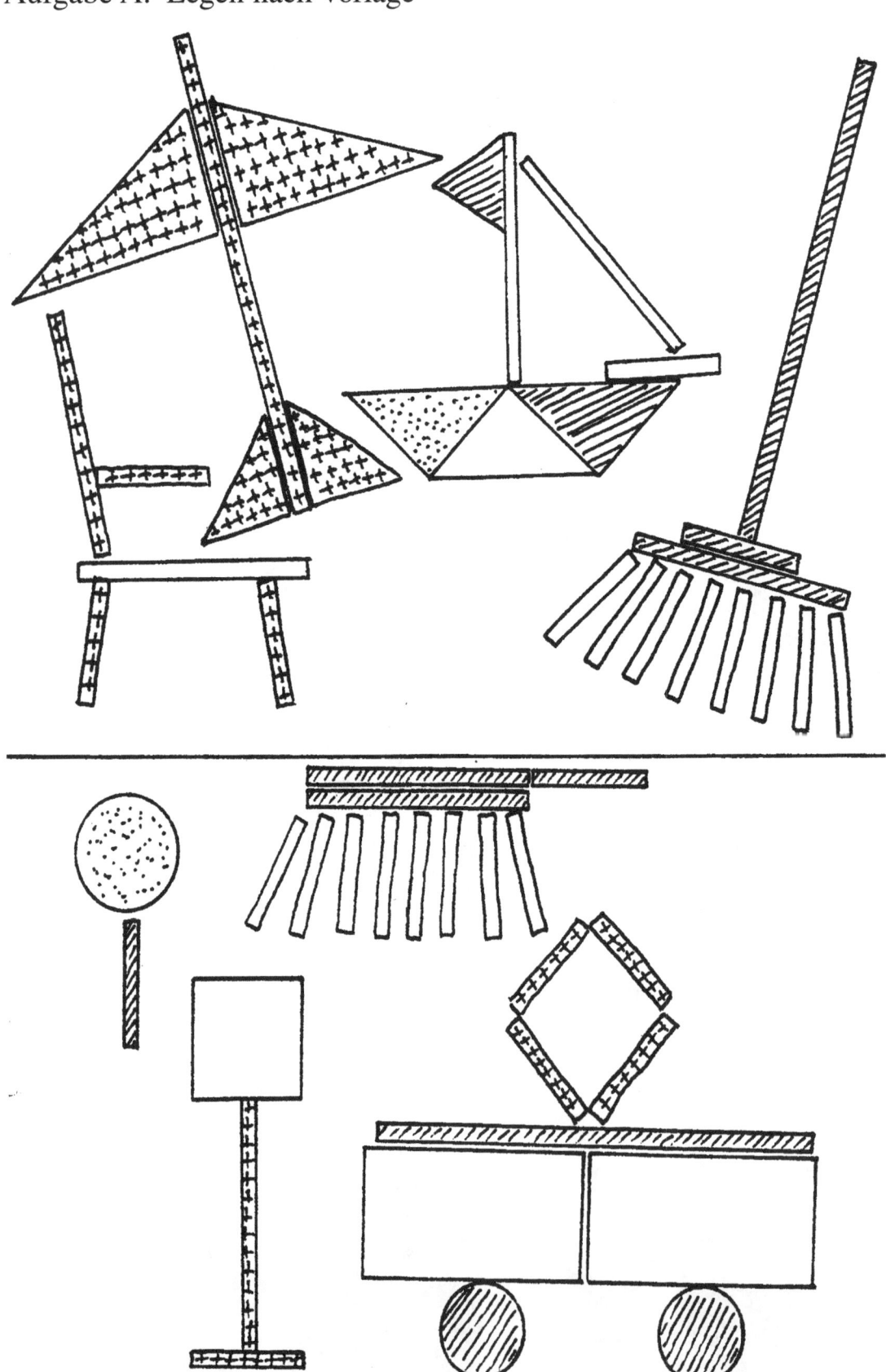

# 16. Tag

Aufgabe A: Vervollständigen von vorgegebenen Formen

**Aufgabe B:** Lösen von Rechenaufgaben mit Symbolen

1. Klasse

Symbole             Beispiel

+ = ○               3 ○ 3 = 6
− = △               5 △ 2 = 3

5 ○ 3 =     8 △ 4 =     3 ○ 7 =
5 ○ 4 =     7 △ 2 =     7 △ 3 =
9 △ 2 =     9 △ 5 =     2 ○ 5 =
8 ○ 2 =     3 ○ 4 =     4 ○ 3 =
3 ○ 4 =     2 ○ 7 =     5 ○ 4 =
7 △ 4 =     9 △ 3 =     8 △ 6 =
8 △ 5 =     8 △ 7 =     7 △ 5 =
9 △ 6 =     4 △ 4 =     2 △ 2 =
3 △ 2 =     5 ○ 3 =     3 ○ 5 =
2 ○ 7 =     7 △ 5 =     7 ○ 3 =

16. Tag

**Aufgabe B:** Lösen von Rechenaufgaben mit Symbolen

2. Klasse

Symbole                    Beispiel

+ = ○                      3 ○ 3 = 6
− = △                      5 △ 2 = 3
• = □                      3 □ 2 = 6

| | | |
|---|---|---|
| 6 △ 5 = | 17 △ 4 = | 2 ○ 4 ○ 8 = |
| 5 ○ 7 = | 7 □ 8 = | 17 △ 5 △ 3 = |
| 3 ○ 12 = | 8 □ 9 = | 8 ○ 2 ○ 2 = |
| 4 □ 7 = | 17 △ 8 = | 7 △ 3 △ 4 = |
| 17 △ 8 = | 15 ○ 4 = | 7 ○ 2 △ 7 = |
| 12 ○ 7 = | 13 ○ 4 = | 8 ○ 3 △ 4 = |
| 8 ○ 9 = | 5 □ 7 = | 5 ○ 9 △ 3 = |
| 2 □ 9 = | 9 □ 3 = | 8 ○ 8 △ 7 = |
| 12 △ 7 = | 14 △ 7 = | 4 △ 2 ○ 8 = |
| 3 □ 9 = | 13 △ 5 = | 9 ○ 3 △ 9 = |

# 17. Tag

Aufgabe A: Überprüfung der Punktmengen auf Kreisen nach Beispielvorgabe

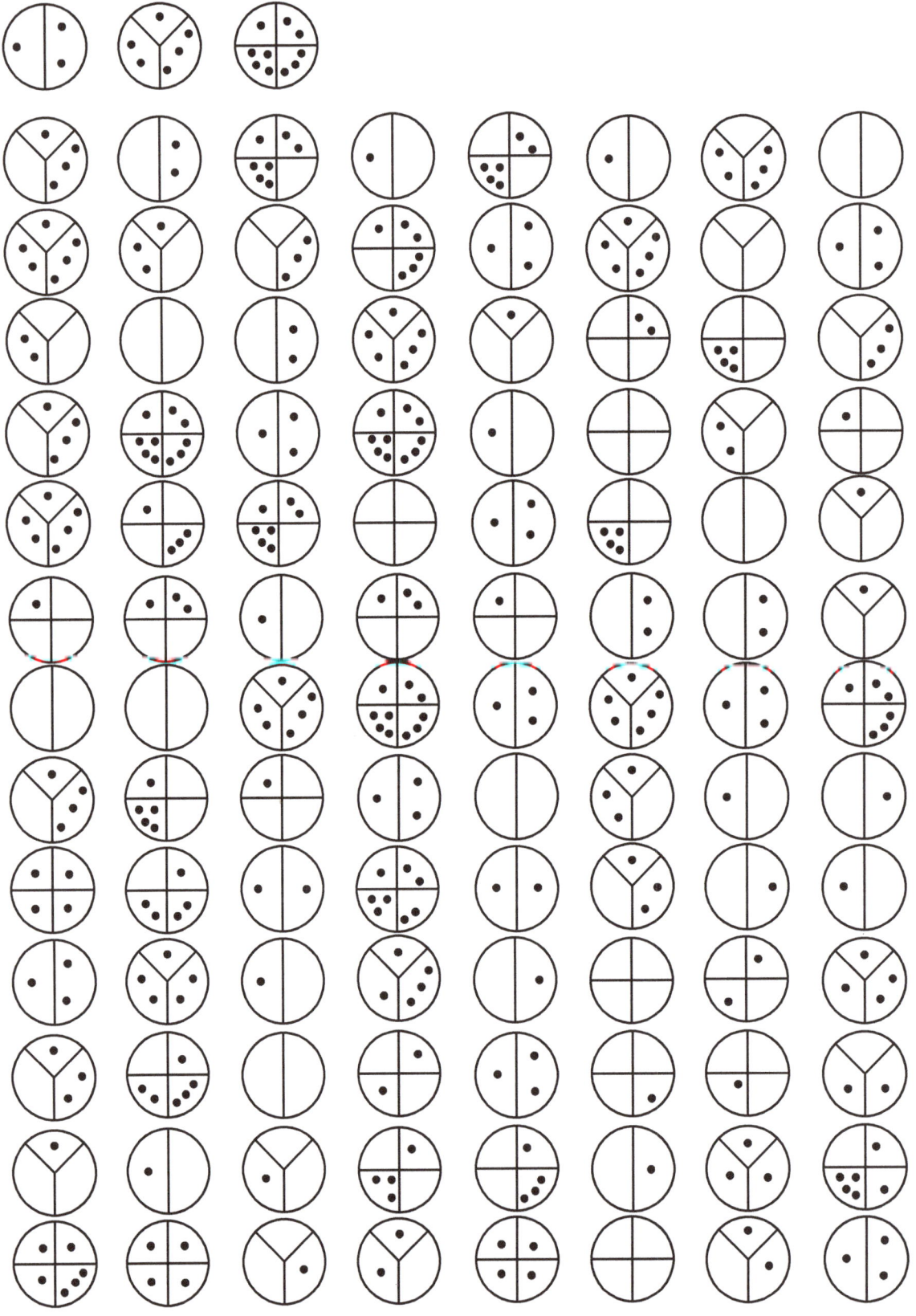

# 18. Tag

Aufgabe B: Gleich oder verschieden?

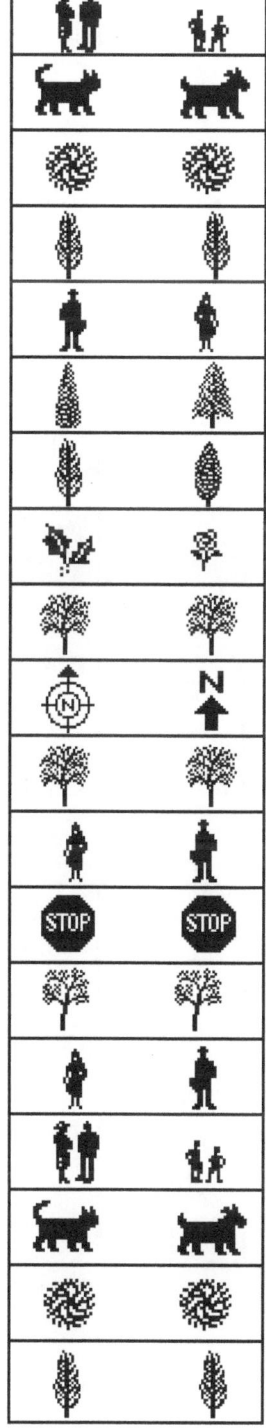

# 19. Tag

Aufgabe A: Übereinstimmung von Zahlen und Symbolen herstellen

1. Teil

| 1 | 2 | 3 | 4 | 5 | 6 | 7 | 8 | 9 | 10 |
|---|---|---|---|---|---|---|---|---|---|
| < | > | ∧ | ∨ | [ | ] | ( | ) | ⌒ | ⌣ |

| 6 | 4 | 9 | 2 | 1 | 8 | 7 | 5 | 10 | 3 | 6 | 2 | 9 | 7 | 4 | 1 |
|---|---|---|---|---|---|---|---|---|---|---|---|---|---|---|---|
|   |   |   |   |   |   |   |   |   |   |   |   |   |   |   |   |

| 2 | 6 | 4 | 8 | 1 | 5 | 3 | 7 | 1 | 2 | 6 | 10 | 7 | 4 | 10 | 4 |
|---|---|---|---|---|---|---|---|---|---|---|----|---|---|----|---|
|   |   |   |   |   |   |   |   |   |   |   |    |   |   |    |   |

| 5 | 3 | 9 | 8 | 2 | 4 | 10 | 2 | 5 | 3 | 8 | 6 | 7 | 1 | 10 | 2 |
|---|---|---|---|---|---|----|---|---|---|---|---|---|---|----|---|
|   |   |   |   |   |   |    |   |   |   |   |   |   |   |    |   |

| 7 | 9 | 5 | 2 | 4 | 10 | 4 | 1 | 3 | 5 | 9 | 7 | 8 | 6 | 1 | 5 |
|---|---|---|---|---|----|---|---|---|---|---|---|---|---|---|---|
|   |   |   |   |   |    |   |   |   |   |   |   |   |   |   |   |

| 4 | 6 | 9 | 8 | 2 | 1 | 3 | 5 | 10 | 7 | 1 | 3 | 9 | 5 | 2 | 10 |
|---|---|---|---|---|---|---|---|----|---|---|---|---|---|---|----|
|   |   |   |   |   |   |   |   |    |   |   |   |   |   |   |    |

# 19. Tag

## 2. Teil

## 20. Tag

Aufgabe A: Rechnen mit Zahlensymbolen

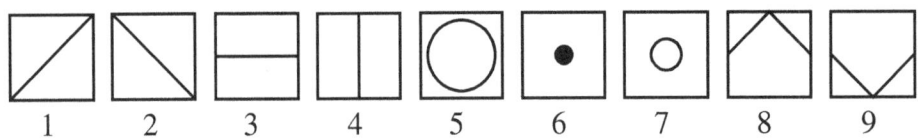

1. ⊟ =       6. ⊠ =        11. ⊟ + ○ =

2. ⊞ =       7. ⌀ =        12. ○ ± ⊡ =

3. •̄ =       8. ⊠ =        13. ⊡ + ‖ =

4. ⊖ =       9. ⊠ =        14. ⋀ ± ⊞ =

5. ⊘ =      10. ✳ =        15. • ± ⊠ =

20. Tag

## Aufgabe B: Mandala

# Punktetabelle

|  | Aufgabe A | Aufgabe B | Aufgabe C | Summe |
|---|---|---|---|---|
| 1. Tag | (4) | (3) | (3) | (10) |
| 2. Tag | (4) | (2) | (4) | (10) |
| 3. Tag | (3) | (3) | (4) | (10) |
| 4. Tag | (4) | (3) | (3) | (10) |
| 5. Tag | (4) | (2) | (4) | (10) |
| 6. Tag | (5) | (2) | (3) | (10) |
| 7. Tag | (3) | (3) | (4) | (10) |
| 8. Tag | (4) | (3) | (3) | (10) |
| 9. Tag | (3) | (4) | (3) | (10) |
| 10. Tag | (4) | (4) | (2) | (10) |
| **Summe 1. bis 10. Tag** | **(38)** | **(29)** | **(33)** | **(100)** |
| 11. Tag | (3) | (4) | (3) | (10) |
| 12. Tag | (3) | (4) | (3) | (10) |
| 13. Tag | (3) | (3) | (4) | (10) |
| 14. Tag | (7) | (3) |  | (10) |
| 15. Tag | (5) | (5) |  | (10) |
| 16. Tag | (5) | (5) |  | (10) |
| 17. Tag | (7) | (3) |  | (10) |
| 18. Tag | (5) | (5) |  | (10) |
| 19. Tag | (6) | (4) |  | (10) |
| 20. Tag | (8) | (2) |  | (10) |
| **Summe 11. bis 20. Tag** | **(52)** | **(38)** | **(10)** | **(100)** |
|  |  |  |  |  |
| **Summe 1. bis 20. Tag** | **(90)** | **(67)** | **(43)** | **(200)** |

(In Klammern steht jeweils die Höchstpunktzahl pro Aufgabe und Tag.)

Dieses Arbeitsheft

gehört _____

Bibliografische Informationen der Deutschen Nationalbibliothek

Die Deutsche Nationalbibliothek verzeichnet diese Publikation
in der Deutschen Nationalbibliografie;
detaillierte bibliografische Daten sind im Internet
über ‹http://dnb.d-nb.de› abrufbar.

ISBN 978-3-525-45810-5

3. Auflage 2007

© 2007, 1998, Vandenhoeck & Ruprecht GmbH & Co. KG, Göttingen.
Internet: www.v-r.de
Alle Rechte vorbehalten. Das Werk und seine Teile
sind urheberrechtlich geschützt. Jede Verwertung in anderen
als den gesetzlich zugelassenen Fällen bedarf
der vorherigen schriftlichen Einwilligung des Verlages.
Hinweis zu § 52a UrhG: Weder das Werk noch seine Teile
dürfen ohne vorherige schriftliche Einwilligung des Verlages
öffentlich zugänglich gemacht werden. Dies gilt auch
bei einer entsprechenden Nutzung für Lehr- und Unterrichtszwecke.
Printed in Germany.
Satz: Text und Form, Pohle
Druck und Bindung: CPI books GmbH, Leck

Gedruckt auf alterungsbeständigem Papier.

Bei Fragen zur Produktsicherheit wenden Sie sich bitte an:
If you have any questions regarding product safety, please contact:

Brill Deutschland GmbH
Robert-Bosch-Breite 10
37079 Göttingen
info@v-r.de